Über das Buch Die Lyrik Ludwig Greves besitzt die Ruhe und Ausstrahlungskraft großer Kunstwerke. Um seine Gedichte könne man, so hat es Karl Krolow einmal formuliert, »wie um Standbilder herumgehen: so stark ist ihre Plastizität«. Der Ton seiner Verse ist streng, aber niemals kalt. Es gelingt ihnen, über die Erfahrungen des Autors, über Verfolgung und Heimatlosigkeit, Flucht und hilflose Trauer in einer Klarheit zu sprechen, die den Leser nicht losläßt. Greve ist ein ungewöhnlich formbewußter Lyriker, der deshalb gern als ein unzeitgemäßer Autor bezeichnet wurde – was seinem Ruf unter Kennern nie Abbruch tat. Der vorliegende Band ›Sie lacht‹, für den Greve postum mit dem Peter-Huchel-Preis ausgezeichnet wurde, faßt seine wichtigsten Gedichte zusammen und verschafft damit einen Überblick über seine gesamte lyrische Arbeit. »In den Gedichten Greves«, schrieb Friedhelm Kemp 1984 in der ›Neuen Zürcher Zeitung‹, »kommt das Ungeheure unscheinbar daher; genauer, das Unscheinbare ist schon das Ungeheure... Die Grundierung bleibt dunkel, davor leuchtet diese Schrift. Furchtlos, des Furchtbaren inne, und seiner gewiß.«

Ludwig Greve wurde 1924 in Berlin geboren, emigrierte 1939 mit seiner Familie nach Frankreich. Auf der Flucht nach Italien kamen 1944 Vater und Schwester um; seine Mutter und er überlebten. 1945 wanderte er nach Palästina aus und kehrte 1950 nach Europa zurück. Er starb 1991.

Sie lacht
und andere Gedichte
von Ludwig Greve

Fischer
Taschenbuch
Verlag

Veröffentlicht im Fischer Taschenbuch Verlag GmbH,
Frankfurt am Main, September 1992

Lizenzausgabe mit freundlicher Genehmigung des
S. Fischer Verlags GmbH, Frankfurt am Main

Umschlaggestaltung: Buchholz/Hinsch/Hensinger
Druck und Bindung: Clausen & Bosse, Leck
Printed in Germany
ISBN 3-596-11524-8

Gedruckt auf chlor- und säurefreiem Papier

Sie lacht

und andere Gedichte

Mein Vater

Spät komme ich zu dir.
Wenn Staub mich riefe – aber ich höre nur
  im Spiel der feuchten, meiner Lippen,
    diese gehorsame Stimme rufen.

Wo niemand wartet, Vater, im Schweigen, wo
in Salz und Asche kenne ich deinen Mund,
  der nach den Kindern ruft und ächzend
    bittet um Gnade die Menschensöhne.

Die ehmals gute Jacke verriet den Herrn.
Du ohne Mantel, war auch kein Tier dabei
  noch Gott: wie sorgsam führtest du in
    zwiefacher Kälte dein Kind zur Grube.

Dein Aug, die Stirne, Tafel vom Sinai,
der Nase starker Bogen – ich sehe nichts
  und halte Nase, Stirn und deine
    Bitternis doch in den hohlen Händen.

Ja, diese Hand, die unschlüssig Wort auf Wort
hier fügt, sie ahmte lange die Bögen nach
  von deinem Namen, übte heimlich
    Strenge und Mut des gerechten Mannes,

dem ich nie sagen konnte: ich bin dein Sohn.
Man hieß uns Fremde. Unsere Sprache war
  ein Blick, ein Händetausch, und später
    Auflehnung, bleiche Gewalt des Zornes.

Genügt die Trauer? Atem, Begeisterung,
die Liebesnächte danke ich deinem Grab
  und auch die Kinder: unerschöpflich
    höre sie lachen ... Ich komme, Vater.

I

Abschied von Paris am 12. Juni 1940

Gare du Nord, leg deine Schale
friedlich um die Knäuel Schläfer.
Brumme Mai uns, Riesenkäfer!
Und als Gäste in dem Saal
trifft uns nicht die Niederlage.
Parc Monceau und unsrer Herzen
Luxembourg! Kastanienkerzen
stiften Brand vor diesem Tage.
Wiegen wir in Schlaf die Ahnung!
Unsere Wärme hat Erbarmen.
Stet im Schritte der Gendarmen
atmend, schmerzt uns die Verquickung
nicht des Feinds mit den Minuten.
Glaubte Welt die Kinderlüge!
Doch sie bricht in das Gefüge
Traums mit ihren schmutzigen Fluten.
Ach wir Schnellen! Unsre längsten
Schritte bleiben uns im Nacken.
Frisches Brot schmeckt schon altbacken.
Flüchtig zu bekannten Ängsten,
welches wählen wir der Tore
voll des gelben Junischeines!
Auf dem Platz bewegt sich Keines
außer einer Trikolore.

Lucca, Giardino Botanico

Klausur der Bäume. Alte Mauer
verrät nichts. Krieg; und alles irrt.
Die Kreatur, die ihn verliert,
bewahrt die Kindersonntagstrauer.

Von totem Sonntag, toten Kindern
ist dieser Garten noch gefärbt.
Das totgesagte Auge erbt
den Schmerz, den nicht am Grünen hindern

der Winter und die mit ihm kamen,
Soldaten. Zeder, einmal sangst
du Helden: sing der Kinder Angst
und auch die Anmut ihrer Namen.

Die Sprache lern ich später Schüler,
die, taub der Zeit, vergessenes Maß,
vergessene Leiden nicht vergaß.
Vom Steinklang ihrer Reime kühler,

kann meiner Schwester ich begegnen.
Die Apfelstirn, gelöscht von Kalk,
hat Schatten, Laub zum Katafalk.
Ach, Gartenruhm der Unterlegenen!

Dem Gedächtnis an Evelyn Greve,
die im Frühling 1944, fünfzehnjährig,
deportiert *wurde.*

Ein Gev, 1945

In der Tiefe des Friedens, tiefer
sinkend beim Atmen, übe die Dauer.
Aller Bemühung Schülerschrift
steht, unlesbar Gewölk, auf dem Schiefer
reglosen Sees. So wenig schlüssig,
kenne in Zufalls Schoß dich genauer.
Zieht Vergängnis dein Herz in die Trift,
stelle dich flüssig.

Mimikry: bringt das Gefühl von Pflanzen
keine Entfaltung? Was verbürgt
Halt, plant anderes. Dem Beginnenden
reicht Illusion nicht mehr zum Ganzen.
Flucht führt im Kreis zur Unglücksstelle.
Horchend den Stimmen, zweifach erwürgt,
dich bereite als Bett dem Verrinnenden.
Blutrünstig steigt die Welle.

Fahrend verharrend, unverläßlich
seßhaft, Ungenüge, das Korn
Salz stets schmeckend, macht dich Entzweiung
doppelt. Kennst du die Sonne häßlich,
lieben die Augen doch und der Zorn
beugt sich vor, will er leben, als Späher.
Schieren Lichtes rührt dich Verzeihung.
Das Land kommt näher.

Abschied vom Bernstein

Großer Erwartung Weg: so lange
trug die Luft, die Steigung hielt Schritt,
als wir ihn stiegen, oft zu dritt
wie die Pferde Wange an Wange.

Doch das Herz, den Gleichmut zu lieben,
hinderte Unrast, die des Flugs.
Rosa und braun; wie sichtbar wuchs
dieser Landkreis, den wir beschrieben!

Nachtschatten flocht den Stirnen Kränze.
Hob die Blume des Weins ihr Haupt?
Juden, kamen wir ausgeraubt
mit zehn Worten über die Grenze.

Diese zehn genügten zur Fabel;
Mimen, wir schlüpften in ihr Fell.
So verblieben Pantagruel
als Genossen Messer und Gabel.

Schreiend maßen die Truthahnschwärme
alle Stimme. Die Stille im Ohr
prüften Tote. Wer hier nicht verlor
Hitze noch Kälte, ließ die Wärme.

II

Berlin

I

Aufgerissener Schulweg, wo Himmel und Hölle
Kindern als leere Felder sich auftaten.
Flugs übersprangen wir alle Klassen,
bis mit den Körpern fiel die Entscheidung.
Jetzt versinken die Füße im Heimweg
und ich trete in Niemandes Fußstapfen.
Wandte sich's ab, als wir auszogen, jetzt ist
unser Haus wie ein Anzug gewendet.

II

Denkmäler großen Sturzes, wie hoch
stellen Fassaden die Häuser dar!
Tag verweigert gefärbten Gesichts
seine Schöpfung dem Viereck der Höfe.
Leugnend die Dauer, setzt die Stadt
ihren Bestand in Bewegung, holt
laufend sich ein, widerruft ihr Wort.
Diese Straßenflucht nimmt kein Ende.

III

Vormittag kühlt die Brandmauern aus.
Seine Salze riechend, erwachen
Ohnmächtige unter dem Häusermassiv,
dessen Grau ein Silberstift aufreißt.
Summe vergeblicher Schritte, jetzt
ändert die Unnahbare, die Weite
Feststehendes in die mögliche Stadt,
wo sie sich wie im Bahnhof versammelt.

Vor Havanna

Dreimeilenzone. Endlich kennt das Auge
die Herkunft: Kanaan. Davor die Juden
in Reihen stehen wie vor Jahrmarktbuden;
und jeder wirft, ob er zur Freude tauge,

noch Blicke aus. Die Insel voller Preise
– das Schwert der Ananas, die falschen Rosen –
ist das Gelobte Land nur für Matrosen.
Und flohen wir, so auf die Lebensreise.

Doch immer wird Havanna uns zum Hafen,
wenn Nacht, die Auster, aufgeht und im Grauen
Perlmutt des Morgens glänzt. Ja, wir vertrauen
unseren Augen, öffnen sie und schlafen.

Dein Name auf den Lippen Manna.
Von welchem Salze keusch bist du, Entrückte,
des Meers, der Augen? Wenn die Täuschung glückte –
Da färbt ein Sonnenbiß mit Blut Havanna.

Ein Schauspiel stampft und glitzert uns auf Erden,
das Tuben, Pauken hat, die wir nicht hören,
wie uns die Tänzer unsichtbar betören:
Mulatten, kommt und laßt es dunkel werden!

Rue Notre-Dame-des-Champs

Januar schwärzt die Dächer. Der Fluß
steht. Geharnischte Luft, die Besatzung der Stadt,
treibt die Menschen zu Paaren. Freund,
Feind verschwistert der süße Rauch der Maronen.

Glück, gebrechliches, hat im Frost
langen Atem. Zögere; heute ist jetzt.
Du, vieläugig, als drohe Gefahr,
sieh das Vorhandene. Reif entkörpert die Sehnsucht.

Traum ist Willkür vor diesem Gesetz,
Jubel Treue. Die Mauer öffnet, verbirgt
schöner als Zufall. Irdener Krug,
sammelt der Hof das Jahr, die bittren Essenzen.

Stein, von Niederlagen gehöhlt,
ähnelt dem Rückkehrer, der das Vergangne im Schritt
fördert, vergleicht: Heute ist hier,
Findel im Wiesengleichnis der Straße willkommen.

(Schläferinnen bewahren den Duft
unter den Armen; Moder, trockenes Gras.)
Aber der Wärme im Mutterleib
Schlaf widersteh! Behalte Paris im Auge.

Mosaik

Rom, Santa Costanza

Hier auferstehn, wo Erde im Tierkreis
über der dunkleren aufgeht!
– Keinem Schmerz, der nach Trauer geht,
glückte des Einmaligen Wiederholung.

Stein faßt das Herz, das klopfend rann,
ohne zu dauern: der letzte
Tropfen, schillerndes Jetzt,
zerspringt unendlich im Augenschein.

Stundengötter, wo nichts mehr zählt,
vermischen Bilder wie Wasser,
die Vielen zum Tausendsasa;
nur Falschspieler haben solch glückliche Hand.

Verlor vor ihnen, die sie erinnern,
Zeit das Erobererrecht?
Sie fügt sich zur Oberfläche,
auf der die Vertriebenen einander beiwohnen.

Früchtestarrender Sommer der Jahre,
der keinen Abend sieht!
Noch immer säumen im Abschied
Herzdame und Mordbube.

Chinesen in der Oper

Wie schnell vergeht ihr Fuß
in Sprüngen welchen Königs –
halb Mensch, entbietet Phönix
der Asche seinen Gruß.
Nervös erhellt ihr Flitter
den Prunk, der ewig schien:
leibhaftig überziehn
sie Leinwand mit Gewitter.

Hat ohne Tod der Leib
ins Geisterreich gefunden,
entbrennen auch die Stunden
an diesem Zeitvertreib.
Natürliche Bedrückung
fliegt um als Wetterhahn;
der wirbelnde Elan
verdreht sie in Entzückung.

Wo Sohle flüchtig ruht,
als wolle sie im Tosen
die Bretter noch liebkosen,
sind sie ihr federnd gut.
Verwandelt auf der Stelle
zu einem neuen Stück,
bemächtigt sich das Glück
der dunklen Zitadelle.

Ein Paar

Sonntags führen die Straßen zu nichts;
die große Maschine, von Haaröl glänzend,
läuft leer und die Pause füllt Sonne –
der Bodensatz zwischen den Häusern ergrünt.

Allein gelassen, sind Alle
wie einzelne Schuhe; voll Langweile. Zwei
aber erkennen sich, geben ein Paar,
einander so nackt zu haben wie ihre Armut.

Nun ihm die schwere Göttin im Arm ruht,
hängt Erde an seinen Schuhen, als sei
Adam er vor dem Falle;
doch in der Luft, Marionette, bewegt ihn ihr Haar.

Sie geht sehr langsam. Ihr Kopf
schwankt auf der Wolke, die bleich hervortritt,
die Kleider auswächst, den fühlenden Arm
einschläfert: wie ein Mann wird die Stadt jetzt dunkel.

Sardischer Ochse

Getünchte Häuser umstehen die Bühne,
wo sich jeder um alles schert.
Seht den Wagen! So klein ist das Pferd,
daß der Fleischer davor ein Hüne.

Auf seiner roten Stirn die Adern
schwellen, da er sich niederbeugt,
hochhebt des Ochsen Kopf: der äugt
nach den Weibern, die schon um ihn hadern.

Fleisch oder Antlitz? Die Blutgerinnsel
künden den Schmerz, der ihn überlebt,
packt die Hörner der Mann und erhebt
über sein Haupt den König der Insel.

Dunkel nimmt die Halle sie auf
und die Weiber kommen zuhauf.

Römisches Kastell bei Athlit

Der Strand, wo die verflogene Zeit sich setzt,
ist mittags Erbe von den ersten Feuern.
Hier kann in Asche Glut sich weiß erneuern.
Die Distel prangt als Blume Jetzt.

So stachelt Überfluß sich an: das Meer
ist stärker. Raschelnd hebt ein Chor von Halmen
die Stimme, betet nach die Sonnenpsalmen.
Mein Fuß stirbt ab und trägt nicht mehr.

Ich sinke, ich versinke in dem Bett
der Leichtgebornen. Wenn die Sonne landet,
ist ihres dunklen Gegners Herz versandet.
Die Leere macht die Schwere wett.

Aber die Trümmer sind noch Schatten: nicht
erleuchtet, blinzle ich ins Licht.

März

Wo Lüge Fleisch ward, was soll
uns blühen?
                    Der Totenacker
ist fett von soviel Nahrung.
Die Bäume, nackt wie Liebende,
breiten die Arme;
Verlassene, die im Wind der Fülle
die Treue halten; doch wachsen
die Städte schneller.

Bevor der blasse, menschliche Tag
sich vor den Schloten aufrichtet,
besänftigen Wolken das Land,
Fliegende Holländer
die Wellen, die längst erstarrten.
Die dunkle Stunde macht
das Unscheinbare gewaltig;
es schöpft Atem.

Dann steigt die Frühe
sehr hoch und dauert –
Verhängnis spannt sich wieder
als Himmel, der grüne Schatten
über die Ebene wirft.
Sie wachsen, je länger der Tag
fortrückt, behaupten am Abend
den Frühling.

Die einzelne Trauer zählt nicht,
das Schwächere überwiegt.
Forsythien, die Sonnensplitter
hängen im schwarzen Geäst.
Kastanienblätter strotzen,
noch klebrig vom Schlaf;
wenn sie zum Fluge sich öffnen,
werden die grünen Adler Legion.

Die Schwangere

Unnahbare, die den bauchigen Krug
halb vorstellt und halb ihn wägt
(das fremde Geschöpf, das mit dir sich verträgt,
hat an der dunklen Hälfte genug) –

wohin im Traum ihrer Schläfen
wandelt sie? Rückwärts. Was aber frommt hier
verflossenes Glück? Es bekommt ihr,
als wenn wir damals uns jetzt überträfen.

Ich weiß nicht weiter; doch sie, ihrem Leibe
folgend, übt das Kommende schon;
die Tochter oder den Sohn?
Noch ein bißchen gewährt sie die liebe Bleibe.

In deinem wiegenden Schritt
naht das Willkommene. Nimm mich mit!

III

Schnee

Noch ist Tag, sein Hauch bewölkt
den kalten Spiegel, er ruft sein Bild aus der Tiefe
und lautlos antwortet Schnee,
rieseln Flocken, geistern im Rauch
wie schöner Tage Asche,
doch am Lebendigen, wenn sie es schwärmend berühren,
erlischt die winzige Helle.

Besänftigt sind Mensch und Stein,
als lechze die Stadt mit tausend Zungen
nach Reinheit, dem schmelzenden Abendmahl,
dann fallen ihr Wimpern zu,
sie träumt, wie Wirbel auf Wirbel der Aufruhr tanzt,
und häuft ihm, glättet sein hartes Bett.

Die ersten sind Kinder, setzen den Fuß
aufs weiße, knisternde Fell
und leise den andern: so überrascht
die rot und grün Vermummten ihr Auftritt –
sie jagen, fliehen, werden der Leere froh.

In geistigen Farben steht der Wald,
er sammelt, da Tag ihn lichtet,
schwarze Lärchen, rötlich genarbte Kiefern,
Buchen von zartem Grau: sie ragen
wie Nachtvögel groß und verirrt,
der Schnee folgt jeder Krümmung der Äste
als heller Schatten.

Kaum bewegt sich unter dem Schilde
die alte Kröte Welt.
Sie trägt nur Leichtes, trockene braune Blätter
und Amsel, Wacholderdrossel,
die hüpfend von Baum zu dürrem Strauch
die glänzenden Körner picken.
Alles ist Schein und überall Tag,
eisig leuchtet die gelbe Quitte.

Schwestern

Leicht in ihr Haar gesunken,
nur Stirne, Backen, kein Auge Kern,
lagern sie ohne Schmerz auf Knien, Ellbogen,
wie Schlaf mit den Leibern spielt,
und tauschen mit fremden Gewalten Hauch um Hauch.

So leicht ihre Tränen springen,
die Augen sind älter, Judenaugen. Ach, furchtlos
dem Tag erwidern geistiges Licht
Steine, dunkel und blau.

Julia, der Hahnenruf
lockt in der Kehle: Heute! Du wirst
die Langeweile erobern
im braungefiederten Helm und hüpfen, hüpfen,
bis der Trübsal kein Fleckchen bleibt
von runden Knien zur runden Stirn.

Traurig hebt die Große den Kopf
aus langem bräunlichen Haar –
spannte sie's über die blassen Schultern, sie flöge.
Doch weigert sich Luft den Armen, so faßt sie
im Laufen Herz über Herz –
der kalte Tag schmeckt wie ein Winterapfel,
Cornelia, so beißt dein Lachen in ihn.

Käme der Würgengel,
ja hieße er Mensch, er zögerte lange
vor diesen Augen, argloser Stirnen Duft,
bis aus dem Traum mich riefen
Julia, Cornelia, Herz über Herz.

Birnbaum, Apfelbaum, immer noch streift ihr
unserer Augen Joch
mit spielenden Blättern, die feucht und gewölbt
wie Zungen die Sonne schmecken,
wir aber haben die Stirn,
dem Heer Gedanken blindlings zu folgen –
zerstreut es in eure Fülle!

Kürzere Tage läutet der Birnbaum
Schellen und sanfte Glocken,
biegt die geschweiften Äste so dicht
empor, als wolle der Leuchter
behalten, wovon er brennt,
dunkel Entzücken.

Apfelbaum, der wechselnde Lüfte
rauschend beherbergte,
nun ruht der Alternde
inmitten der Felder, wo er aufwuchs,
und Äpfel wie Bauernfäuste
machen die Flügel ihm schwer,
damit kein Hauch sie öffne, bevor
die Wetter den Halbbruder rufen.

Bleibt! wir kommen mit leeren Händen
und ich oder einer,
die warmen Früchte umspannend,
faßt sich vielleicht ein Herz
vor dem Winter – so erlaubt uns,
Birnbaum, Apfelbaum,
euren grünen Schatten noch einmal.

Kastanie

Zweige, niederhängend
von einem stärkeren Ast,
entfalten schon die Bewegung,
die ihren Halt überrasche –
Sommer, ein Umriß
wird sichtbar in halb geöffneter Beuge,
wie Schlaf sie bog.

Die Winde säen ein Licht,
das nirgends aufgeht; Tag für Tag
gehört ihrem Jammer.
Wo Erde sich wie ein Tier krümmt,
erscheine die nackte Frühe,

Kastanie! Sie bäumt
sich vor dem Winkel von Ferne
zwischen Vorstadthäusern und Schule,
bäumt und bescheidet sich ...
Zückt sie einmal
die weißgefiederten Zepter,
wird sie der Krönungsmantel entrücken.

Allein wie der dunkle Stamm
die Äste streckt und schon außer sich
im zarten Geweih sich fängt,
ruhend in höchster Spannung – so holen
Ballwerfer aus.

Vor dem Winter

Rosen, wer rief den Frost!
Eh es Tag wurde,
brach seine Helle aus
und verwandelt das Land in einen Stern.
Die Blumen erstarren.

Bewahrt vor der Zeit sie
das gläserne Wasser?
Sie werden von meiner Hoffnung krank.

Die Lider, kaum geöffnet,
versuchen ein Auge zu bilden,
die kostbare Wölbung,
wie Hülle um Hülle sie offenbarte.
Doch keine Träne
befeuchtet die Rosenblätter, sie wölben sich
über dem Schmerz.

So blind die Knospen
an grünen Stengeln nach Halt suchen,
erinnert der Ruch
in den trockenen Blättern
an Sommertage.

Ein anderes Licht
von außen dringt in die Lider,
und wächsern ähnelt ihr Gelb
der Haut von Greisen.
Der blasse, unendliche Winter!
Wie sträubt sich die Rose
mit allen, ach einzelnen Blättern!

Nur die Stengel im Glas
sind zart durchblutet
und röter die starken Dorne.

Irdische Frau, wie kleidet dich
vor dem Altern das offene Haar,
wenn du nackend durchs Zimmer gehst, du Bescheidene;

nur die Schere zu holen, Nähzeug,
und ich sehe dir nach,
weiß die Farbe des Sommers wieder, staubig
gilbende Halme, den Sand,
darin deine Füße langsam versinken –
du richtest dich auf und lächelst.

Die Schultern, gewölbt, den Stolz zu beirren,
sind kühl wie Steine, die lange im Wasser lagen,
doch, hebst du den Arm, dein eigen.

Zögern, Spannung, Müdigkeit, Freude,
ein Nichts belebt deinen Rücken
so sanft, als rege die Schlange sich wieder,
die, in der Mulde sich bettend, in deiner
Wärme, Schläferin, einschlief ... Der Nacken,
den Daumen und Zeigefinger umhalsen,
trägt nicht schwer an dem Kopf,
da Schenkel und Backen dich wiegen, Fleisch deines Fleisches,
wo du noch Kind bist oder Göttin.

Du gehst in Gedanken, meinen ... So biete
den schönsten mir, deiner Augen
Tiefe und grünen Spott zur Erfüllung –
und wendest den Kopf dann: auf der verschwisterten Brust
starren die reifen Beeren, die immer
ein bißchen schielen.

Wörter, verlangend, entfernen sie; doch weiß ich
den Namen im Dunkeln, das uns aufnimmt,
ruhend auf dir, meine Frau.

Schneesturm

So nah hängt der Westen
herüber: der halbe Tag kann nicht mehr
entfalten den nassen Flügel.

Ein Wind füllt den Raum
mit fremden Lüften und
Schwaden fremderen Dunkels.
Wo ist das Nächste, was jeder Blick
uns antraute?
Eine reißende Wolke,
grau und dann schwefelgelb gefleckt.

Waagrecht fliegender Schnee!
Vor den Schreien des Nichts
gefrieren die wäßrigen Flocken,
wimmeln, verheeren das Land wie ein Schwarm
gieriger Mücken.

Mit halbem Auge sahn wir die Erde.
Ihr Spiegel zerbrach, unter Splittern
liegt sie nackt.
Von oben Willkür, kein Licht
scheint, und unten empfängt kein Schatten
den fallenden, ungestalten Tag.
Die Äcker sind schwarz wie vor Anfang.

Namenlos bleibt alles zurück,
wo selbst der Himmel
verstummte.

Tropfen fallen, der Schnee
dämmert, wird glasig. In dunklen Flecken
schimmert Gras. Noch stehen die Bäume
hölzern, da holt die Erwartung
Atem, der Boden dampft.

Junigewitter

Im schwimmenden Grau
ist Sonne die heiße Schwäre,
darin der Tag pocht;
und ihre Geschöpfe, Baum und Vieh,
ertragen die Last der Abwesenden,
ohne zu atmen.

Nicht Trauer, Unendlichkeit
verhängt über Juni das Grau.
Noch einmal Wolken

und keine sammelt das Dunkel,
sondern das Auge, das ihnen folgt,
zerrinnt mit ihnen.
– Ein Windstoß. In Hoffnung? Wieder.
Schritte von Unsichtbaren
teilen das hohe Korn in Wellen.
Näher. Die Flut rückt näher
und ihr Gefolge ist Himmel: schwarz.
Nur die Ähren blitzen.

Luft erhebt ihre Stimmen
zu Seufzern, darin der Baum tanzt:
Ahorn! Ahorn!

Regen stürzt
und springt in Säulen
und treibt sie tief in den Boden:
dahinter ist Donner, und Wind,
die Schleuder, zielt nach dem Himmel,
der auf sein lebendes Werk sich stützt.

Die Wasser vermischen
den grauen Stein mit der Luft
und lösen die starrende Welt auf,
erlösen ihre Gefangenen.
Ja, der leibhaftige Sturm
jagt die Platane, und sie
erschauert in seinem Atem,
wirft ihre Arme hoch –.
Regen feiert die Hochzeit.

September

Heute! Im spiegelnden Fluß
haben die Ufer Zeit.

Sind die Bäume zum Fest
eben an Land gestiegen?
Blätter, dem Licht wie Tropfen verschwistert,
hüllen sie ein.

Aber soviele Brüste
verraten die Göttinnen,
Pflaumen mit keusch beschlagener Haut
und Birne an üppiger Birne –
der Hand, wie zum Betteln geöffnet,
oder den Lippen süßer?

Aller Erinnerung
sind jetzt die Gärten gewachsen.
Die Fülle bereitet Schmerz
und lindert ihn, wo die Astern dorren;
mitten im Lila, dem dunkel
auferstandenen Licht des Sommers,
blendet der neue Tag
und trocknet wie Augen sie.

Er ist der Vater.
Noch stehen seine Geschöpfe
unter dem großen Blick,
leben im Gleichmut: die Bläue
hebt ihre Sterblichkeit auf und macht
das Verlorene wahr.

Dann wird die Sonne schwerer
und hängt inmitten des grün
entfalteten Baums
als eine der Früchte.

Der Schatten daneben
duftet nach Holz und Wein.

Schwäbische Alb

An manchen Tagen, wenigen,
kommt beim Aufwachen Klarheit über mich.
Ich sehe hinter den Nachbarhügeln die Alb,
Rücken an Rücken die Herde wandern.

Es herrscht der nackte, dem Meer entstiegene Himmel,
davor nur Körper bestehn, kein Traum.
Aber die Masse, wohin? entrönne ein Fluß den Ufern,
er wälzte aus Schlamm und Stein die begrabenen
untersten Wellen ans Licht.

Er, dem niemand Atem leiht,
unter Felsen, Grabmälern – der Schmerz löste sich
und Gebirge fängt an, das Hartnäckige,
dran Menschen, Bäume sich klammern, fängt an
zu drängen, fluten, zu atmen –
Last wird Fülle, Fülle Bewegung,
ein Vlies erwärmt die schwarzen, grünen Nacken der Alb.

Wenige Tage. Da schwindet, kaum daß sie Leben gewann,
die Alb im Dampf ihrer Nüstern;
wo eben ruhige Kraft mich trug
und weitertrug, ein Kind, das nicht aufhören will,
da glänzt die Leere, im Silberdunst
verschmelzen Tag und Gebirge.

Komm. Mit Wacholderbüschen,
mit Kuppen, hergeschwungenen Flächen komm
und laß mich den Fuß auf deine schlafenden Wellen setzen,
darunter – ich spürs in den Gliedern –
mein Schmerz die mächtige Antwort findet.

Nach dem Regen

Die Bäume, glückliche Traufen,
verharren im Dunkel, naß
glänzen die schuppigen Leiber und ihre
Kronen verlängern den Rausch
um Blätter, Blätter und Schatten.

Erde, Geliebte
mit weichen, quellenden Brüsten,
ruht nach dem Kampf
leichten Körpers wie Schwimmer
und huldigt mit Farben dunklerer Lust
dem Unerschöpflichen,
der sie zitternd durchdrang,

überaus zärtlicher Regen!
Sie stillte ihn
und schöpft aus der Tiefe atmend Sturm,
in Mohn und Salbei gebadet,
er duftet in ihrem Hauch.

Die Schritte gehorchen nicht mir,
ich wandere
schmeichelnder Sohlen, Blätter wandern.

Das Korn ist süß
und wankt auf bläulichen Halmen,
so schläfert die Menge
die Zahl, die ihr milchig eigen;
doch wittert sie eine Regung der Luft,
erschauern die Grannen
wie Seide auf warmem Körper.

Da senkt aus dem Mittag
Sonne den glühenden Stachel
und schwellend, berstend vor Licht,
scheint die verlassene Erde
wie Honig erleuchtet.

Im Zug

Wieder den Stufen nach im dämmernden Schacht, den von oben
Stimmen verteidigen gegen Andrang, als rausche die Treppe;
Rufe, Gelächter langhallend, darüber die Ansager, diese
Stimmen aus dichtestem Schlaf – und Schläfer, den Boden zu spüren,
zucken auch so mit den Füßen ... Die Treppe also, zur Straße
offen ins Offene steigend, wie Luft und Gestank sich hier mischen –
drei solcher Treppen; durch massige Tore Lichter, die Halle.
Wer sie betritt, den grüßen die Lebenden so wie alltäglich,
ob er ausweiche oder vornübergebeugt in der Menge
gegen den Zug nach unten sich stemme. Wenn da eine Pause
einträte, etwas Gedankenloses, es fiele die Halle
drüber zusammen. Fehlt aber einer: pünktlich zur Sperre
hampelt sein Bruder, Mantel, Hut, in der Linken die Mappe –
rudernd mit einem Arm durch nasse Mäntel zum Ausgang.
Aber die meisten verziehn den Mund in Abwehr; und eure
Flüche, unausgestoßen, höre ich ohne zu hören.

Flammen, das Fett von gestern opfert der Wurstmaxe allen
Pennern und Frühaufstehern; verworrener Chor, der die Strafe
ohne ein Urteil verhängt. Und keiner beruft sich dagegen
auf ein Versprechen von Kindheit her, noch streifte ihn Unheil
anders als Menschen ... Im Zug, für die halbe Stunde, sucht jeder
Abstand von seinem Nächsten, entfaltet die Zeitung und duckt sich
unter das raschelnde Zelt, so hausend im Innern der Taten;
während es draußen vorbeifließt, Dächer, dazwischen ein Morgen
rötlich wie Ferienmorgen, ohne daß Erwartung ihm anhängt.
Doch sind die Fensterplätze besetzt: das Fallen und wieder
Auferstehn hinter der Scheibe tröstet den Häftling; auch läge
Sonne vielleicht ihm warm auf der Hand. Und finsteren Lebens
schwanken die Häusermassen im Finstern, oder sind's Schiffe
auf ihrem Kurs, den Baumgerippe bezeichnen; wir selber
fahren seit langem durch Wasser, so trübe schwimmen die Lichter
in dem fleckigen Glas, das Regen immerfort abwäscht.

Schlage uns Licht entgegen am Ausgang des Tunnels – und kommt ihm
wieder die Mauer zuvor, die Gruft ein wenig verlängernd:
über ihr wird es doch Vorstadt, Welt – genug, zu vertrösten,
wen die Last des Gewohnten ankam. Die Mauer herab, so
Licht wie Vergessen suchend, hängt in rußigen Strähnen
Ginster, vom Fahrtwind gesät; wer hätte da Mitleid. Doch jedes
Frühjahr beharrlich grüßt ein Anflug von närrischen Blüten,
feine Sprünge im Dunkel. Auch uns, auch uns hinter trüben
Scheiben verletzt der Anblick; und daß er verletzte, beleidigt –
oder ist es die Luft, die an Krankenzimmer erinnert.
Sucht der Schlaflose Halt an Bildern, er setzte die Lebens-
scherben nicht mehr zusammen: der Bahnsteig, wo zwei aneinander
lehnen von Mund zu Füßen, bereit zu versinken; die Leiber
rammt ein Kerl mit gezücktem Ellbogen; Adam, dein Joch im
Nacken vornübersinkenden Schläfers; wenn Kinder zur Schule
fahren, tönt das Abteil von hohen und brüchigen Stimmen.

Nordsee

Auf einmal gerinnt die Welle
und schwillt aus dem grauen Meer ein Hai,
der schiefen Maules mich anfällt –
aber vorm Ufer langsam sich bäumend,
wirft sie schaumige Mähne, neigt
den Körper dann wie zur Tränke
und auf der Wölbung des nassen Rückens
funkelt ihr Reiter, Tag.

Kaum zerschellt sie und schleift am Boden
das abgeworfene Kleid,
ballt sich, wie Marmor geädert, Welle
auf Welle, schließt und öffnet das Land
im Lidschlag der Flut.

Die Quallen, wie Lampen schwebend,
sinken zu Boden, wenn salziger Schöpfung
der Strand als letzte Welle entrinnt,
doch glasig schillernd behalten sie
die Inbrunst der Tiefe und roter Morgen;
lange brennt ihr Kuß auf der Haut.

Wer im geschmeidigen Sande
ohne mein Wissen tanzend sich einprägt,
bin ich.

Wind stößt auf Wind:
die Runde dröhnt und spiegelt von Blechen.
Hoch fliegt die Sonne
und scheint doch im eignen Netz gefangen
über dem Meer, das rauschend,
nachtflügelrauschend den Himmel
und seine Wolken, die prächtigen, wiegt.

Ein Flügelschlag, daß der Wind überrascht
– da steigen Kiesel auf! –
von Strandläufern glitzert
schwarzweiß.

Bei Ebbe I

Sand über Sand: die Körner, jedes ein Lichtkorn.
Unsere Füße glänzen,
wenn sie aufnimmt das leicht gehäufte Grab,
und sie entrinnen leichter, der Kraft enthoben.

Vorne, am feuchten Rand der Insel,
trägt uns der Rücken großen Fisches; die Wellen
drückten ihm Schuppen ein,
eh sie auf zart geschriebener Grenze
Abschied nahmen. Einige, halb gezähmt,
hüllen das Licht in Körper; ich sehe es atmen,
während langsam das Ufer
Strömung, Strömung mit glasiger Haut überzieht.

Nimm das Feste von uns,
Meer, beruhige diesen störrischen Willen.
Draußen dein Schwall, dein Sturz und wieder die Glätte
rollenden Augapfels: Erde, Sonne
auf deiner Iris – da, erschüttert vom Anfang,
trübt sich das Weiße, runzelt und bricht in Wellen.

Hier. Im Ruch gefangener Fische.
Auf dem Boden, tönend wie eine Brust.
Halme, vom Wind gestriegelt, blinken metallisch,
aber der Eintönige, Helle
facht kein Feuer mehr an. Die Haare streift dir
Dämmerung, weißer Flügel. Wir sind allein.
Um uns die Leere, Salzkorn an Salzkorn;
Leere, Erwartung –.

Bei Ebbe II

Wolken sah ich hell und verschwommen über den Städten
anders nicht als ein Rauch oder dampfender Atem hängen,
selten die einzelne Wolke; sie schwanden mir, ehe sie schwanden.
Aber wo Licht den Wind im fliegenden Strandhafer einholt,
daß seine Schneiden blinken, ja länger als Sommertage
segeln die Wolken über dem Meer in verschiedener Höhe,
aber im selben Raum, der uns wie den Vögeln sich auftut.
Ja, so erschienen vielleicht den Alten die Götter, so mühelos
wechseln sie Farben, die Körper – ein schillerndes Taubengefieder,
bald von den Jägern zerfetzt, Gebirge, mit Wasserfarben
trübe getuscht, die ohne Gewalt im Westen sich bauschen,
bis sie an Rändern durchlässig blitzen, schwanger mit Sonne.

Nichts, kein Urteil ist endgültig; feuchter Boden empfängt uns
nachgiebig, fast wie ein Körper vom Druck der Sohlen erblassend;
immer ist Wasser uns auf den Fersen und löscht die Spuren
deiner und meiner Wärme; ich sehe es ohne Bedauern.
In der Stille, die Flügel mit trockenem Schlag unterbrechen,
legt sich die Unruhe; fremder Bewegung folgen wir barfuß,
wo sich mit Lefzen saugend Welle auf Welle am Ufer
festhielt, eh sie zerrann – so rinnen leichteren Sandes
flache Stufen, die Wind, so stöhnend er auch an dem Festen
zerrt, nicht einebnen kann. Ein Flackern treibt er vor sich her
über den Boden, als reibe der jagende Sand sich am feuchten,
bis die geliehene Weite Korn an Korn glitzert. Nicht lange,
schwimmt eine braune Wolke, die zusehends anwächst, darüber
und, wo wir gingen, in weichen Mulden dämmert nun Wasser.

Wieder neigt sich vornüber das Schwarzgefleckte, das lautlos
stürzt und sich aufrichtet, lautlos. Das niedere Watt begrenzend,
scheints ein Gebirge, von Schauern befallen; bald düstere Schichten,
aufglänzend andere. Weiter. Im spröden Sand, wenn die Kruste
einbricht, versinkt der Fuß. Die Grenze, als habe wer taumelnd
eine Matrosenkiste verstreut; die Flaschen in Scherben,
Taue, Dosen, Bananen, öfters ein Gummihandschuh.
Sinkend in einem Schwung die glatteste Böschung dann, endlich
Meer und Geruch des Meeres, die unaufhörliche Fläche –
Grau, aller Farben geheimes Grau in schwebender Wallung,
unsicherer Dauer, Meer, den Gedanken Wiege wie Schiffen.
Langsam, in schäumenden Stufen naht es, in flacher Strömung
ausatmend legt uns Neptun seine glatteste Welle zu Füßen.

Wie kam der Streit, die Blutwolke über uns,
nein, aus der Tiefe, dunkelt in Augen dir,
du Arme, meiner Hand nah – ich
sage dir Worte mit halber Stimme

und höre mich dabei wie ein Schauspieler
die Rolle sprechen, ja, meines Lebens, so
auswendig weiß der Mund, sobald er
deine Lippen verrät, die Worte.

Du hörst die Stimme; was ich da sage, kaum.
Der bei dir lag, er spricht ohne Liebe, das
verstehst du, ja dein Körper, der zur
Säule sich windet von Stein und Lauten,

entsetzlichen, als pulse das Blut aus ihr
in hellen Stößen, kürzeren Abständen,
als Atem füllen kann: in diesem
Zimmer, der Tisch, bemalte Schränke,

hier greif ich sie an Schultern, bevor ein Wort
uns ganz entzweit, bin Schatten und Gegner
meiner Frau, ja halte, mit der Wider-
strebenden ringend, sie schon in Armen.

Umsonst. Die Arme fallen. Wir litten es
im Streit, wie uns ein zartes Vorhin umgab;
doch nach dem Streit der Streit . . . Du achtest
kaum, wer dich zudeckt, so eingesunken

wie nach Geburt. Dann nebeneinander, auf
dem Bett; zurückgebogenen Kopfes du.
Nur schlafen, schlafen – während ich mit
fauligem Mund um Versöhnung bitte.

Juni in der Stadt

Leibhaftig drang der Sommer durch allen Stein
und rührt daran mit Blättern, erlöstem Hauch,
daß diese Straßen jeden Morgen
früher sich auftun in Wiesenahnung.

Ein langer Zug Gefangener, Baum für Baum
in seiner Fußbreit Erde – frohlocken sie,
Platane, Buche, unter Schauern
üppig beruhender Zweige, Kronen,

darin das Licht, in Blättern verloren, haust
und Blatt um Blatt, wie sterblich zu Boden sinkt –
das ohne Aufschub, Licht in Scharen,
über uns kommt auf den harten Plätzen.

Schon gilt die Uhr, so leise dies Herz auch schlägt;
von Bahnen, Schienen, zitternd gespanntem Draht
zugleich ertönt die Stadt, da wieder
aufbricht ihr Heer zu geringen Taten.

Ich sah dich, Kain. Die Menge regiert dein Blick,
den nicht nur Sonne schmälert ... Empfange du
und tausche, warm von vielen Händen,
Schmerz und Begierde in einer Münze.

Auch Kain ist schön, wenn dumpfer Spiräenhauch
ihn übermannt und Schatten so einlädt, daß
er bloßen Halses wie sein Bruder
nieder sich beugend die Wohltat annimmt.

Wie klar die Stimmen hallen in klarer Luft!
Ein Brausen fern. Ich höre mein eignes Wort
leichthin gesprochen – wars ein Nachbar
oder die Brise? es klang wie Jubel,

bevor im ersten Schlaf uns von alters her
das Fieber heimsucht, Unruhe, in den Stein
gebacken, daß in tausend Zimmern
Kühlung, der Schlaf nur in Blumen dunkelt.

Freunde

Heller spür ich das Blut kreisen, wenn unverhofft
einer, der schon versank, wieder mein Auge sucht,
  daß, bevor ich verstehe,
    seinen Nacken berührt die Hand.

Altert jeder für sich: komm in mein Schweigen, Freund,
diesen Fußbreit; davor reden in Zungen wir
  Narren, Kinder, und anders
    tönt in Stimmen die Ungeduld.

War es gestern? Ich nahm spielend die Fremde um,
bis der Fremdeste, ich, unter dem Mantel mir
  ähnlich vorkam, wenn nur das
    Herz nicht lockerte seine Faust.

Doch ein Lachen verriet oder Begeisterung
überschwemmte das Aug – Flüchtiges, Auge, Mund,
  riß mich hin zu dem andern
    oder wartete er darauf,

wie in Lucca – der Wall schützt noch dieselbe Stadt –
du im traumlosen Licht hieltest, Arturo, und
  Steine, wenig behauen,
    fügte Stirne sich deiner Stirn.

Scheunen, Klöster, der Flucht wechselnde Lager; doch
fand ich einen von euch, gingen wir langsamer
  und es bogen die Schultern
    uns ein Obdach vor lauter Krieg.

Sie lacht

Solche Nachmittage im Kino; heiser
brach Musik aus, wenn man danach vom Dunkeln
taumelnd an die Dämmerung trat... Es riecht noch immer nach Mänteln

in der Gruft, wo Ruhm und Gefahren scheinen
anderen Jungen. Mitten am Tag, was sucht hier
unsereins? Zwei Klappsitze Ruhe und von andern ein Schauspiel,

nichts von dem, was uns wie im Halbschlaf fesselt.
Diese Falte hier, wenn du lächelst, merkte
Spott an, flüchtig; aber im Dunkeln trägst du noch, wie dein Vater

dich gemalt hat, ohne ein Lächeln, horchend
fast den Mund. Vorhin, als wir in der Reihe
draußen standen, sah ich mich um und konnte erst an der Blässe

dein Gesicht erkennen; da war ein Hof um
dich von meinem Schrecken. Die Frau sah müde
aus, Geschöpf und Dienerin; hohe Backenknochen beharrten

auf der Spannung, wo dich der Mund sonst weich fand,
zwischen Ohr und Kinn. Dann Musik, die Reihe
schob sich vorwärts, Stufen, der Saal, wie unterirdisch beleuchtet,

nahm uns auf. Da stolpert zu Herzen Chaplin,
der's im Durcheinander so gut meint... Lachst du?
Halben Lauten, Murmeln, dem Schluchzen gestern wohne ich bei, doch

heller springt dir Lachen, die Jungenstimme
aus der Kehle, leichte Erschütterungen
spürt die Hand, die, kaum, daß ich's wahrnahm, deinen Nacken
umjocht hält.

Fremde Tochter,

laß mich dir erzählen: von weither kam uns
wer am Strand entgegen (man sieht sehr weit dort),
jeder Schritt ein großer Entwurf, wobei die Knie nachgaben,

auch der Mittelscheitel war deiner, etwas
Kindliches um Nase und Mund – da laufe
ich wie hergespiegelt ihr zu, damit die Täuschung anhalte,

eh ein Blick mich ohne Erstaunen abwarf.
Nur der Umriß, Tochter, ein Mädchen, Halt im
Laufen suchend, nahm mich gefangen, dir die Hand aufzulegen

oder diesem Mädchen für dich. Der Mund hat
viel geredet; nimm diese Hand, obwohl sie
einmal, nein, öfter dich schlug (in deiner Tür, ich vergeß nicht,

nein, wie du, den Arm vors Gesicht verbogen,
unter Wimpernzucken mich ansahst –)
dann Umarmung, Tränen, was immer unsere Ähnlichkeit lösche.

Geht sie zu den Freunden, Verschwörerin, den
Mantel halbwegs übergeworfen; keine
Puppe, schwere Bücher im Arm; da krümmt ihr etwas die Schultern,

daß sie schmächtig aussieht vor Eifer, oder
stellt der ganze Körper sich taub –. Hier kennt sie
jeder Blick, der Sprung in der Tasse, ihr verwahrlostes Zimmer,

bei den Freunden sitzt wer am Tisch, den Reden
horchend, und die Kindervernunft, der Mut in
diesen Augen rührt den Besucher wie dein zaghaftes Lächeln.

Aufzeichnung

Frühaufsteherin, kaum, daß ich nur mit Lippen
nach dir rufe, antwortest du im Dunkeln
voller Leichtigkeit, als gehorche dir im Schlaf noch die Zunge.

Halb gewaschen, tauchst du im Spiegel unter,
und es kommt ein anderes Geschöpf zum Vorschein,
das dich anguckt, prüfend, wie lange wohl die Täuschung noch anhält,

bis halblaut die Mahnung, »beeil' dich doch«, im
Glas die Hand löst ... und mit zwei, drei Strichen
du die ungebärdige Lockung deiner Haare glattbürstest.

Nein, kein Frühstück. Weder Latein noch jemand,
Barren reckt die Arme, du weißt nach wem, so
trocken schmeckt die Zunge; nicht faul, mit Vogelworten beschwatzt sie

alles Müde, Wolkige: mich, vielleicht auch
den aus Holz. Sie tragen dich weiter, ohne
Schwindel nenne Eigentum, was dir zufliegt, Scheherezade.

In der Bahn, inmitten von Zeitungslesern,
tönt kein Wort mehr; aber ein Lachen, wenn ich
aufseh, zieht gewitterig um den Mund auf, spöttisch verleugnet,

deine Augen dunkel bewahren's. Durch zwei
Scheiben traf mich gestern der Blick – wir fuhren
langsam aneinander vorbei – so dringlich, daß ich zurücksah.

IV

Playback

Als ich zurückkam, hieß es
Deutschland nicht mehr. Zu Hügeln geschichtet
lagen die Häuser, überwachsen; wo eine
Zeile noch standhielt, zog es
durch die Guten Stuben. Aber zur Frühschicht,
lange vorauszuhören,
rasselte pünktlich die Straßenbahn,

und was da ausstieg, die Schultern hochzog,
waren das Narren? Ja, man feierte,
ob es Notdurft auch mit dem Flitter aufnahm,
wieder Karneval. Hier
mußte es sein, so dicht war nirgends

die Unkenntlichkeit. Wo
unser Name getilgt war, durfte
ich wie irgendein Fremder
Luft noch einmal holen? Ich tat es.
Hing sie voller Schwefelgeruch der Fabrik, war
nichts dabei; doch das feuchte
Wehen, morgens, löste so etwas
mir in der Kehle, langverhohlen, als könnte ich
noch auf dem Schulweg singen,

freihändig radelnd. Die Mitbewohner
hinter den dünnen Wänden
merkten nichts, ich hatte Übung im Singen
mit geschlossenem Mund. Als Nachbarn
grüßten wir auf der Treppe

und wenn einer so mit zwei Fingern
an die Mütze tippte, feldgrau, mit Schirm, ich
fuhr nicht zusammen. Andere Nachbarn
suchten mich heim – die nackten
Menschen in Reih und Glied, daß ich meine
Wärme mit ihnen teile, und dann die nackten
Wünsche ohne Gesichter.

Die Sterbende

Dieser eingefallene Mund,
der Körper da, wie ein Bündel Kleider
auf das Bett geworfen, ist meine Mutter.
Nur die eine Hand auf der Decke
folgt der Gewohnheit, zuckt und zuckt

wie sonst bei jeder Aufregung. Diese
bräunliche Hand in all dem Weiß hier . . . am Finger
glänzt der Ring. Das Gesicht hält Zwiesprache
mit der Wand, ob auch die Tür aufgeht und
Tellerklappern vom Flur hereindringt; erst wenn
ich mein »Sei nur ruhig« flüstere, kommt ihm
etwas wie Lächeln, die Hand bleibt liegen

einen Moment. Wann habe ich dir was andres
je als »Sei nur ruhig« gesagt?
Hier, am Fußende dieses Bettes,
hinter weißem Gitter warte ich auf mein
Urteil. Breiige Laute. Die Ader am Hals

strengt sich an. Ich kam aus der Schule, hörst du
noch, und mußte gleich alles erzählen. Du.
Es gab eine Zeit, da war kein Name

heimlich genug für dich. Dann zählte
nur noch der Schmerz, so tapfer sie auch
ihn mit Kaffeeklatsch hinhielt,
immer *Dame*, die Stoffblume an der Schulter
über der tiefen Narbe; doch das
eine zwischen uns, wovon wir bei allem
Reden schwiegen, der Jammer

der Alleingelassenen sah ihr
aus den Augen. Wacht sie noch einmal
auf? Den Mund erfaßt ein Wühlen und deutlich
sagt eine Kinderstimme: »Ich habe
gar kein Vertrauen –«

Hannah Arendt

Drei, vier Stufen tastet herab, als sei da
Wasser, diese Frau von woher – das bunte
Kleid, amerikanisch, bedeutet nichts, der Stolz ist das Fremde,

so ein Zug von Wildheit um ihren Mund, wo
sah ich das? auf griechischen Münzen, unscharf
hie und da am Rand, wo die Fingerkuppen vieler Geschlechter

diesem Gott ein bißchen Gefühl beibrachten,
seiner Jugend Hinfälligkeit. Die Stimme...
solches Wetter grollen und lachen hört man selten im Alltag,

keine Sängerin, aus Gedanken holt sie
einen Klang wie die aus der Luft. Das Lächeln
grüßte mich im vollen Café – und angelehnt wie zu Pessach

teilten wir den Vorrat, das Scharfe, auch das
Süße der Verbannung, die Freiheit. Ihre
Lippen zuckten, wenn ich wie früher, um ein Mädchen zu halten,

vor Begeisterung das Verkehrte sagte,
und die Antwort hinwerfend, ohne lang zu
zielen, stand da wirklich ein Mädchen. Jeden Morgen am Schreibtisch

saß sie im Gespräch mit dem toten Lehrer,
seine Briefe ordnend; wer eintrat, solch ein
Blick empfing ihn voller Erwartung, daß sich noch der geringste

Mühe gab, sie nicht zu enttäuschen. Abends
schmeckte ihr das Essen, wenn Freunde kamen
aus der Welt, sie fand in drei Sprachen Wohnung. Aber von uns wer,

mitten im Gespräch sich nach vorne beugend,
kann noch so Gedichte hersagen, deutsche,
Wort für Wort... Sie trugen die Bürde, Hannah, nichts ging verloren.

Marbach, am Bahndamm

Für Dorothea Kuhn

Der Weg hier unten, beiläufig, wie er ist,
erweist mir Freundlichkeiten, wie anders soll
ich's nennen, daß beim Gang zur Arbeit
Kühle mich streift, ein Geruch von Moder,

will ich auch bloß den Straßenverkehr umgehn,
der ohne Zorn und Jammer (es klingt nur so)
die kleine Stadt erschüttert. Oben
gleitet die S-Bahn vorbei halbstündlich,

sonst ist es ruhig. Zwischen der Böschung, wo
Holunder wächst und Brennesseln zärtlich tun,
und Schrebergärten lädt der Durchgang
wenige ein, die paar hundert Schritte

auf Teerbelag der Laune zu folgen – mal
ein Buckel, eine Höhlung, wie's kommt. Wohin
er führt, ist einerlei, solange
Weißdorn und Phlox mir Gesellschaft leisten,

dann Zinnien, Kohl, Tomaten; als gelte hier
die Zeitung nicht, die Pendlern die Fahrt verkürzt
mit Bildern wüsten Lebens. Drei, vier
Häuser mit Dutzendgesichtern warten

beim Loch der Unterführung auf irgendwas,
ein Häuflein Trauergäste vielleicht (man sah
den Kirchturm kaum vor Blättern) oder
nur das Gewohnliche, daß die Nachbarn

zur Arbeit fahren; aber da bin ich schon
durch einen Garten voller Erfinderlust
gegangen, mag er abgeräumt auch
kleiner jetzt aussehen als im Sommer.

Warum schreibe ich anders?

Eine Rede vor Freiburger Studenten

Lyriker sollten eigentlich jung sein und beizeiten abtreten, das haben sie mit Schauspielern gemein. Ein Comeback, etwa als Charakterdarsteller, ist nur wenigen vergönnt. Ich bin deshalb ein bißchen geniert, Ihnen »grau von Jahren«, das ist Gottfried Kellers Wort, gegenüberzutreten, das obligate Bändchen Gedichte noch immer in der Hand. Solange einer erfolglos ist, bleibt er jung, kann man so sagen? Auch als »Geheimtip« genießt er noch eine Gnadenfrist, doch früher oder später wird auch der strahlendste junge Dichter sich eingestehen müssen, daß er so einzigartig vielleicht doch nicht ist. Die Haft wird durchlässig, in die das äußere Leben, oder war es sein Ehrgeiz, ihn einschloß, selbst die Auflehnung kann zur Routine werden. Ein guter Abgang, wie gesagt, wäre ihm zu wünschen. Ich habe neulich Gedichte eines jüngeren Kollegen (wenn er mir die Anrede erlaubt hätte...) gelesen, die durch seinen frühen gewaltsamen Tod, er lief in ein Auto, gewissermaßen kanonisiert wurden, und hatte Mühe, ich gestehe es, mich vor seiner Ungebärdigkeit zu behaupten. Was für ein geradezu orgiastischer Ekel vor der Wirklichkeit, der von Menschen gemachten natürlich, also doch wohl vor sich selbst. Ich fragte mich, wie lange er diese verschwenderische Allüre durchgehalten hätte, wäre er nicht in dem Moment, den zufällig zu nennen man sich scheut, da er den Gedichten so entsprach, über den Fahrdamm gerannt. Wollte man einen jungen Dichter, wie Claudel es in seiner Vorrede zu Rimbaud getan hat, als einen »Mystiker im Zustand der Wildheit« charakterisieren, womit begründet dann einer, der kein Wilder mehr ist, daß er noch immer Gedichte macht? Mit Gedichten, besseren womöglich, womit sonst. Und doch, denken Sie, genügte der freundliche Anstoß Ihrer Einladung, diese Maxime ins Wanken zu bringen. Mir kamen Zweifel, ob ich imstande bin, Ihnen meine Sachen so vorzulesen, daß Sie sich angeredet fühlen, wie es zumindest ein paar Lesern ging. Vielleicht gehört dazu, daß man sie mehrmals liest. Immerhin liegt mir daran, daß Ihnen die Stunde nicht lang wird, wenn Sie schon hergekommen sind; ich fingiere deshalb zur beiderseitigen Auflockerung eine Art Tischgespräch, wobei einer von Ihnen, bitte, mich fragen könnte, wieso meine Gedichte anders sind, als es – bei allem Pluralismus – heute der Brauch ist. Natürlich schummele ich etwas, denn ich bin auf die Frage vorbereitet, aber ich nehme sie doch ernst. Zur Antwort liegt mir eine Selbstprüfung näher, schon der mangelnden Objektivität wegen, als eine poetologische Untersuchung.

Es fing an wie bei vielen jungen Leuten, deren Erwartungen vom Leben, großgeschrieben natürlich, sie in diesem behindern, und war gleich dunkel grundiert. Der Übergang vom Knabenalter zur, na ja, Männnlichkeit, wie ich mir einbildete, geschah nicht schrittweise, sondern in Schrecken: ich war gerade vierzehn, als zwei Männer in Staubmänteln meinen Vater ins »KZ« abführten, wie es im Volksmund hieß; bald darauf Emigration, Krieg, Flucht, warum nicht empfindsam, durch Frankreich und Italien – das sind für Sie soviel Chiffren wie für mich Einschnitte, aber wenn ich sie auflösen wollte, käme ich zu sehr ins Erzählen –, schließlich der Januartag 1944, an dem beide Eltern, übrigens als einzige in dem piemontesischen Bergdorf, durch Granatsplitter verwundet wurden, die Mutter schwer. Da wir glaubten, daß sie eine weitere Flucht nicht überstehen würde, sahen wir keinen Ausweg, als der erklärten Freundlichkeit ausgerechnet der Carabinieri zu trauen, die unser Versteck entdeckt hatten. Am nächsten Morgen machte sich mein Vater mit meiner fünfzehnjährigen Schwester, dazu hatte der Dorfpfarrer geraten, auf den Weg in die Provinzhauptstadt Cuneo. Ich brachte sie zur Straße hinunter, der gefrorene Schnee knirschte unter den Sommerschuhen. Meine kleine Schwester hatte Angst wie so oft, ich schalt sie aus. Als sie sich in einiger Entfernung noch einmal umdrehten, hob ich den Arm und rief: »Bis heute abend!« Ich rief sie nicht zurück.

So schwer es mir fällt, glaube ich doch, diese Schuld eingestehen zu müssen; erst mit ihr brach die Kindheit ab. Ich konnte meine Mutter in Sicherheit bringen. Nachdem alle Hoffnung, unsere beiden zu retten, zunichte gemacht worden war, fanden wir in der toskanischen Stadt Lucca Zuflucht; die Bedrohung hielt an, aber es gab Menschen, die bereit waren, sie mit uns zu

teilen. Zum ersten Mal seit der Kindheit hatte ich ein Zimmer für mich, eine Zelle des ehemaligen Priesterseminars. Ich durfte zunächst das Haus nicht verlassen, die Gastgeber sorgten für alles, Essen, Bücher, sogar was zum Rauchen, ich hatte plötzlich viel Zeit. Was den Anstoß gab, habe ich vergessen, ich fing dort eines Tages zu schreiben an, obwohl mir jegliches Handwerkszeug dazu fehlte. Die Sprache zuerst. Ich hatte keine Mühe, mich wie in Menschen, zu denen ich Zutrauen gefaßt hatte, in ihre Sprache einzufühlen. Es gibt sowas wie ein Gehör für Worte, das hatte ich wohl, im Gespräch oder beim Lesen. Ich erriet mehr als ich verstand. Aber das nichtgerufene Wort, an dem ich seit jenem Morgen würgte, konnte weder erraten noch gelernt werden, es mußte mir, entschuldigen Sie das Pathos, widerfahren. Irgend so ein Gefühl war es, das mir die Sprache aufnötigte – das stimmt nur zum Teil, ich hing auch an ihr –, Deutsch, die Stiefmuttersprache. Über die Folgen, die das haben konnte, sah ich in schöner Unbekümmertheit weg: hätte einer, des oder der Deutschen mächtig, mein Geschreibsel gefunden, es wäre nicht nur mir, auch meinen Beschützern, sagen wir, an den Kragen gegangen. Ich versteckte also die Kinder meiner Muse auf dem Dachboden, noch dazu eines fremden Hauses, später, ein Ortswechsel war nötig geworden, im Empfangssaal des Erzbischöflichen Palais, zusammengekniffт zwischen Rahmen und Sitz der Stühle. Als alles vorbei war, wollte ich sie unauffällig einsammeln, doch Seine Eminenz bestand darauf, mich zu begleiten, und rief lachend, nachdem ich meinen Leichtsinn gestanden hatte, mit dem Krückstock von Stuhl zu Stuhl, es waren viele, deutend: »Hier auch? Und da? Ecce poeta!«
Das war das erste Mal, daß jemand, noch dazu dieses Ranges, mich so nannte, und es ging mir glatt runter. Aber natürlich konnte ich noch nicht schreiben. Ich hatte die Schule mit 14 Jahren verlassen, ohne Bedauern, das versteht sich, und seither mit einigem Geschick von der Hand in den Mund gelebt. Auf gut deutsche Manier verachtete ich alles, was an Schulregeln erinnerte, mir stand der Sinn nach nichts weniger als dem Ele-

mentaren, das Wort nahm ich allerdings noch nicht in Anspruch. Morgens setzte ich mich an den Tisch, im Fenster vor mir die staubige Palme, wählte ein Thema und schrieb drauflos, wie's das Gefühl mir eingab. Wenn das ausblieb, das kam bei soviel Fleiß schon vor, ging es auch anders herum, vom Stabreim zur Empörung. An Themen litt ich keinen Mangel, die Welt im Aufruhr und mein eigner lieferten mir genug, je allgemeiner, desto besser. Als Gattungen, wenn man's so nennen kann, bevorzugte ich den gereimten Aufruf, auch mal sowas wie eine lange Ballade, und zur Erholung gönnte ich mir ein Liebesgedicht. Das fiel eher schüchtern aus, ich wollte wohl nicht gegen den Geist des frommen Hauses verstoßen, meine Altersgenossen gaben sich da schon rüder. In meinem Eifer merkte ich zu spät, daß die Worte, selbst die abstrakten, die ich bevorzugte, ihr Allotria mit mir trieben. Ich hielt tapfer dagegen, verzichtete auch mal auf einen Reim, wenn er mich gar zu sehr von meiner Vorstellung abbrachte, und wer in dem Durcheinander Sieger blieb, war am Ende schwer auszumachen; ich nicht, die Worte auch nicht. Trotzdem war ich sehr stolz auf meine Dichterschmiede. Ich schlug mich ja, irgendwo hatte ich gelesen, daß Worte Waffen seien, für eine gute Sache; ob dabei gute Gedichte herauskamen, das überließ ich getrost der Nachwelt zur Beurteilung. Warum überhaupt Gedichte? Sie prägten sich so leicht ein und paßten in jede Tasche. Prosa konnte schließlich jeder schreiben; meine Sache war nicht Dauer, in Perioden gegliedert, sondern das Leben auf dem Sprung. Wenn ich das, was ich damals so hochgemut zu Papier brachte, literarisch einzuordnen hätte, käme es wohl auf einen Platz etwa in der Mitte zwischen Friederike Kempner (die es ja auch gut meinte) und unseren heutigen Liedermachern. Ich hoffe, damit niemandem Unrecht zu tun.

Der Ausruf des freundlichen Bischofs von Lucca wäre eigentlich ein ganz schöner Abschluß gewesen. Wieviel junge Leute haben unter widrigen Umständen zur Feder gegriffen und sind dessen unbeschadet brave Kaufleute oder Lehrer geworden –

»Viel Not und Sorg' im Leben,
manch ehlich Glück daneben,
Kindtauf', Geschäfte, Zwist und Streit...«

wie es in den *Meistersingern* heißt. Auch ich bekam es, als die Schule der Gefahr mich entließ, mit dem Leben zu tun, vor allem aber mit mir. Ich war zwanzig, als ich mit meiner Mutter in das damalige Palästina kam. Der angelesene Zionismus, von dem ich mir Ersatz für die Hoffnung versprach, die mich solange getragen hatte, hielt der Wirklichkeit nicht stand. Ich will es kurz machen, obwohl es ebenso lange dauerte wie der Krieg, noch einmal fünf Jahre. Was ich beruflich oder auf dem Feld der Liebe anfing, mißlang mir oft auf groteske Weise, weil ich zwischen Unerfahrenheit und Stolz kein Auskommen fand. Wenn ich mein Leben nicht dem Zufall verdanken wolle, müsse es exemplarisch werden, hielt ich mir vor; immerhin eine grandiose Ausrede, morgens den Wecker abzustellen. Das gesteigerte Leben, nach dem mich wie einen Süchtigen verlangte, vielleicht war es noch aus der Poesie zu holen. Freilich bedrängte mich nicht mehr Gefahr, sondern ein, wie ich es sah, schäbiger Alltag; dem wollte ich mit Versen so auf den Leib rücken, daß er Farbe bekannte.
Heute noch muß ich beim Schreiben mich manchmal vor der Ungeduld zurücknehmen, alles in einem Satz auszudrücken. Damals trieb sie mich zu Höchstleistungen. Ich gestand dem, was ich in dem verdunkelten Zimmer schrieb, keine Pausen zu, als ob nicht auch der Leser – wer anders als ich – das Bedürfnis hätte, Luft zu holen. So geriet mir alles bedeutungsschwer, steil und vertrackt, Expressionisten hätten ihre Freude daran gehabt. Dabei wollte ich mich gar nicht wichtig tun, ich hatte ja durchaus etwas zu sagen; ein heimlicher Respekt, vor was? vor der Schulbildung, bewirkte, daß ich zu hoch hinauswollte, sobald ein leeres Papier vor mir lag. In einem gesunden Katzenjammer sah ich ein, daß ich so nicht weiterkam. Als ich das Land verließ, war ich noch immer so jung, daß es mir nichts ausmachte, samt allen Enttäuschungen die Zeugnisse meines Eifers zurückzulassen.
Ich kam 1950 nach D., warum nennt man das Land nicht nach

dem Autokennzeichen. Die Sprache, an der ich solange festgehalten hatte, gab es nur noch in Büchern oder alten Filmen. Was die Leute sagten, hatte zwar eine entfernte Ähnlichkeit damit, aber andere Bedeutung. Natürlich glaubte ich die erste Zeit wie alle Emigranten, es besser zu wissen, und will auch nicht leugnen, daß ich heute noch gegen gewisse Vokabeln empfindlich bin. Aber in dem Maß, in dem ich zu Menschen fand, nahm ich, hinter dem Rücken von Karl Kraus sozusagen, ihre Rede an mit den kleinen Unebenheiten, Verschleifungen usw., ohne die wir wie Denkmäler sprächen. Ich mußte noch viele Kleinigkeiten nachholen, die ich übersprungen zu haben glaubte, vielleicht hat mich das länger jung gehalten. Bis ich freilich in Gedichten von den hohen Ansprüchen zu den Kleinigkeiten, ich nenne sie mal so, herunterfand, war die Jugend vorbei. Eine Zeitlang gefiel ich mir noch in der Rolle des Propheten, der sich für alles Böse, das irgendwo verübt wurde, verantwortlich fühlte; erst wenn die Redaktionen meine Proteste zurückschickten, merkte ich beim Wiederlesen, daß sich darunter Angst verbarg. Wovor? Vor dem gewöhnlichen Leben. Ich wich in meine Biographie aus, die bot genügend exotischen Stoff. Über der Arbeit lernte ich dann, weniger auf Originalität zu sehen als auf Stimmigkeit.
Warum schreibe ich also anders als heute erwartet wird? Meine Ausgangsposition war anders, ich habe sie Ihnen beschrieben. Keine Bindungen, die ich hätte abstreifen müssen; eher verlangte mich danach. Bei aller Befangenheit vor dem Land meiner Herkunft kam ich von der Sprache nicht los. Wie ein Flüchtling nach und nach seine Habe wegwirft, suchte ich das Verworfene Stück für Stück zusammen; nicht, um etwa ein früheres Verhältnis wiederherzustellen, das lag in niemandes Hand; wenn ich es überlege, suchte ich Identität. Eine Sache, die mir noch dunkel war, beim Namen zu nennen, schien aller Inbrunst wert; und daran, leider, muß ich wohl sagen, ließ ich es selten fehlen. Das Gedicht, an dem ich schrieb, war sowas wie mein Boden, mehr hatte ich nicht. Die Leichtigkeit mancher Poeten, so ein Parlando, machte mich schon hie und da

neidisch, doch wenn ich es, mühsam genug, selber versuchte, kam es mir wie Verrat vor. Ein schweres Wort. Aber hinter allen Wörtern stand – wie der goldene Himmel auf den Bildern des Trecento – der Schreckensname, und das Verdikt Adornos, wie viele Unbefugte es auch nachplapperten, galt mir: nach Auschwitz ein Gedicht zu schreiben, sei barbarisch. Daß ich leben wollte, machte mich schuldig, davon konnte mich niemand freisprechen. Beim Wiederlesen alter Gedichte sehe ich, welche Energie ich darauf verwandte, sie wenigstens unanfechtbar zu machen, wie immer ich mir das vorstellte. Ich komme mir darin wie ein Gepanzerter vor, noch dazu einer, der klirrend natürliche Bewegungen nachahmt. Das ist nicht zum Lachen.
Es gab noch einen Grund, warum ich die Zeilen so belud, mir fehlte das Zutrauen: zu mir, zur Sprache. Über mich habe ich bereits genug gesagt. Die Sprache war voller Anklänge, ich glaubte, sie alle ... beherrschen zu müssen. Sie bekam dabei so einen fatalen Sound, weil ich zugleich nach Menschen rief und sie abwehrte, wenn das verständlich ist. Das modische Wort bringt mich auf die Ähnlichkeit mit gestopften Jazztrompeten, nur daß Louis Armstrong eine bestimmte Wirkung damit erzielen wollte, während ich meiner Verstrickung Ausdruck gab. In der Unterhaltung genügt oft ein halbes Wort, Blick und Stimme tun ein übriges; da ich kein Gegenüber hatte, mangelte den Gedichten solch mimisches Vermögen; statt dessen suchte ich alles und jedes zu explizieren, ach, bis zur Unverständlichkeit. Die Leser, die ich erstaunlicherweise trotzdem fand – gerade soviel, wie man Freunde haben kann –, halfen mir da heraus. Ich mußte doppelt und dreifach Lehrgeld zahlen, ehe mir aufging, daß das Leichte sich besser hält.
Das verdanke ich nicht zuletzt dem Marbacher Literaturarchiv, in dem ich Arbeit fand; mit über 30 Jahren zum ersten Mal eine, die mich hielt und weiterbrachte. Nach der schon überständigen Einsiedelei, die gerade Platz für drei, vier Idole bot, der »Vorrat deutscher Poesie«. Ich fand Kollegen, von denen ich lernen konnte, ja die mich dazu erst ermutigten. Die Überlegenheit, die ich zur Schau trug, entpuppte sich bald als Angst, eine

weitverbreitete übrigens, meine Dichterei könne Schaden nehmen, wenn ich mich allzu sehr auf das einließe, was in der DDR etwas pompös »das Erbe« genannt wird; wessen Erbe übrigens, meins doch wohl kaum. Aber erst, als ich aufhörte, mich zu wehren, war ich nicht mehr allein. Wenn ich was zu sagen hatte, meinetwegen stotternd, wollte ich es auch sagen können. Ich hatte lange, mehr oder minder bewußt, in sogenannten freien Versen nach einer Regel gesucht... »qui corrige l'émotion«, wie der Maler Braque notierte. Wie eine Zeile steigt oder fällt, wurde bedeutsamer als ihr Inhalt, ja es verlieh ihm erst, wonach ihn verlangte: Musikalität. Andere suchen Halt in einer Gruppe oder Überzeugung, ich fand ihn in der alten, immer neu zu gewinnenden Form der Ode. Anfangs scheute ich davor noch zurück, weniger aus Angst, einem Schulmuster zu unterliegen oder es zu parodieren als aus dem Gefühl des Ungenügens; erst, als ich mich stellen mußte, in dem Gedicht an meinen Vater, faßte ich Mut zu ihr, weil sie der bald drängenden, bald stockenden Anrede Widerstand bot. Es zeigte sich, daß mir so eine Sprache, sagen wir, der Sterblichkeit gelang, die vielleicht vor beiden bestehen kann, den Opfern wie den Lebenden. Das gibt manchen Gedichten, ob ich auch schweren Mutes anfing, so einen Unterton von Glück, warum sollte ich das leugnen. Die antike Form muß nicht das letzte Wort sein, aber wer einmal da durchgegangen ist, verhält sich anders, bestimmter, auch ohne ihren Schutz. Ein namhafter Kritiker hat freilich gefunden, die Wendung zur Tradition sei »fast schon ein Ärgernis«. Nun, das ist immerhin was, wenn man älter wird.

Inhalt

Lyrik

Nisametdin Achmetow
Die Straße der Freiheit
Gedichte. Band 9277

Rose Ausländer
Blinder Sommer
Gedichte. Band 5199
Die Sonne fällt
Band 11161
Ich spiele noch
Band 10421
Im Atemhaus wohnen. *Band 2189*
Gelassen atmet der Tag
Band 11157
Der Traum hat offene Augen
Unveröffentlichte Gedichte 1965–1978
Band 9172

Wolfgang Bächler
Ausbrechen
Gedichte aus 20 Jahren
Band 5127
Die Erde bebt noch
Frühe Gedichte 1942 bis 1957
Band 9174

Wolfgang Bächler
Nachtleben
Gedichte. Band 5872

Hans Bender (Hg.)
In diesem Lande leben wir
Deutsche Gedichte der Gegenwart. Band 5006
Was sind das für Zeiten
Deutschsprachige Gedichte der 80er Jahre
Band 9553

Jürgen Born (Hg.)
Wenn der Abend kommt
Gedichte und Lieder aus vier Jahrhunderten
Band 9228

Joseph Brodsky
Gedichte. *Band 9232*

Charles Bukowski / Carl Weissner
Terpentin on the rocks
Die besten Gedichte aus der amerikanischen Alternativpresse
1966–1977. Band 10918

Paul Celan
Die Niemandsrose / Sprachgitter
Gedichte. Band 2223
Das deutsche Gedicht
Vom Mittelalter bis zum 20. Jahrhundert
Band 155

Hilde Domin
Hier
Gedichte. Band 10600
Doppelinterpretationen
Hilde Domin (Hg.)
Das zeitgenössische Gedicht. Band 1060

Odysseas Elytis
To Axion Esti – Gepriesen sei
Gedichte und Prosa. Band 5029

Erich Fried
Anfechtungen
Gedichte. Band 10343
Befreiung von der Flucht
Gedichte und Gegengedichte. Band 5864

Fischer Taschenbuch Verlag

fi 145/12 a